Cometa

BELTRÁN EL ERIZO

CONCHA LÓPEZ NARVÁEZ
RAFAEL SALMERÓN

Ilustraciones
Rafael Salmerón

Planetalector

Editado por Editorial Planeta, S. A.

Avda. Diagonal, 662-664, 08034 Barcelona

Ilustraciones: Rafael Salmerón

Octava edición. Primera edición en esta colección: mayo 2010
Segunda impresión en esta colección: agosto 2012
ISBN: 978-84-08-09087-8
Fotocomposición: Tiffitext, S. L
Depósito legal: M. 9.338-2010
Impreso por Brosmac
Impreso en España – Printed in Spain

FICHA BIBLIOGRÁFICA

LÓPEZ NARVÁEZ, Concha ; SALMERÓN, Rafael
Beltrán el erizo, Concha López Narváez y Rafael Salmerón;
ilustraciones de Rafael Salmerón –
2ª impresión en esta colección – Barcelona: Planetalector, 2012
Encuadernación: rústica ; 120 págs. ; il. color ; 13 x 19,5 cm –
(Cometa. A partir de 8 años)
ISBN: 978-84-08-09087-8
087.5: Literatura infantil y juvenil
821.134.2-3: Literatura española
Tratamiento: aventura. Tema: animales y medio ambiente

A Teresa. Que siempre está cuando
se la necesita y también ha estado en este libro

1

BELTRÁN

Beltrán nació un luminoso día de mayo. En un prado salpicado de flores: margaritas, amapolas, jacintos... y cubierto de matorrales olorosos: tomillo, romero, cantueso, jara...

La señora Erizo se había tomado la molestia de construir una cómoda y segura casa de hojas, justo al pie de un espino albar. Fue allí donde tuvo a los trillizos.

Por fuera se parecían mucho, los tres eran guapos. Pero en lo de dentro eran muy distintos. Dos de ellos eran dormilones, callados y serios; pero el otro, Beltrán se llamaba, no podía quedarse un momento quieto, hacía preguntas, todo lo tocaba y lo revolvía... En fin, era muy curioso y muy atrevido; pero también era un erizo alegre y muy optimista por naturaleza.

En cuanto salió de la tripa de mamá, que desde luego estaba caliente, pero era estrecha, Beltrán estiró sus encogidas patas y suspiró con alivio:

—¡Por fin! No aguantaba más.

Después se movió de un lado hacia otro, y, como no tropezó con ningún hermano, exclamó encantado:

—¡Cuánto sitio libre! ¡Qué comodidad!...

La señora Erizo rió y le dio un beso en la punta de la tierna y puntiaguda naricilla.

—¿Eres tú, mamá? —preguntó Beltrán.

—Claro que soy yo —respondió la señora Erizo, y le dio otro beso.

Beltrán se lo devolvió. Luego la señora Erizo les hizo cariños a sus otros hijos, y Beltrán aprovechó para asomarse a la puerta de su casa.

Los arbustos ya estaban florecidos y al pequeño erizo le encantó el olor:

—¡Oooh! ¡Qué bien huele!... —exclamó con voz de felicidad, y en seguida comenzó a marchar.

—Pero ¿adónde vas, mi pequeño atolondrado? —preguntó la señora Erizo.

—A dar una vuelta.

—¡Ni hablar! Los erizos no salen de casa hasta que crecen.

—¡Ooh, no!... ¡Qué desilusión! —protestó Beltrán, y en seguida preguntó:

—¿Cuánto falta para que yo crezca?

—Exactamente tres semanas.

—¿Qué es una semana?

—Exactamente siete días.

—¿Y qué es un día?

—Exactamente veinticuatro horas.

—¿Y qué es una hora?

—Una hora no es mucho tiempo —dijo la señora Erizo antes de que Beltrán hiciera otra pregunta—. Si quieres crecer muy de prisa, lo mejor será comer bien —añadió luego.

—¿Qué es comer?...

—¡Por favor!, Beltrán, anda, no preguntes más... —exclamó la señora Erizo.

El pequeño erizo bajó la cabeza avergonzado y susurró:

—Pregunto porque no sé nada y quiero aprender.

La señora Erizo pensó unos momentos, sonrió y dijo a Beltrán:

—Atiende, cariño, y empieza a apren-

der, que en este momento te empiezo a enseñar. También a vosotros —les dijo a sus otros hijos—. A ver, esto que yo os doy son besos. Un beso, dos besos, tres besos...

—¡Besos! —repitió Beltrán, y luego añadió—: Me encantan los besos.

—Cuando se dan besos de corazón, se dice que sientes cariño.

Beltrán daba besos de corazón, por eso en seguida comprendió lo que era querer.

Aquel mismo día aprendió muchas cosas más.

Aprendió lo que era comer: mamá se tumbó y... ¡qué rica estaba la leche que tenía en su cuerpo!

Aprendió a jugar con sus dos hermanos.

Aprendió a escuchar la voz de los pájaros y la voz del viento...

¡Todo le encantó!

Al atardecer, la señora Erizo dijo:

—¡Chicos, a dormir! Que el sueño se acerca con pasos ligeros...

—¿Y quién es el sueño? —preguntó Beltrán.

—Lo sabrás muy pronto; cuando el sueño llega, todo el mundo lo sabe —respondió mamá Erizo.

Beltrán lo supo al momento.

—¡Auuug! ¡Auug! ¡Aug! —Bostezó tres veces, y en seguida supo que su cuerpo quería descansar.

Fue a echarse cerca de su madre y de sus hermanos, y el sueño comenzó a llegar dulce y suavemente.

Antes de dormirse, el pequeño erizo susurró feliz:

—¡También el sueño me encanta!... ¡Qué contento estoy de haber nacido!

Los días que siguieron fueron «buenos días». El pequeño erizo y sus dos hermanos comían, jugaban, crecían y aprendían... Todo era estupendo. Y Beltrán pensaba que nada en el mundo podía ser mejor. Pero una mañana sus ojos se abrieron por primera vez. Sí, por primera vez, que nadie se extrañe: al nacer todos los erizos son pequeños ciegos que marchan a tientas y juegan, y comen, y aprenden sin ver. Pero, más o menos hacia los diez días, sus ojos se abren. Entonces, de golpe, descubren la luz, distinguen las cosas y ¡es maravilloso!

—¡Oooohh! —exclamaron los tres ericitos al abrir los ojos.

—¡Oooohh!... —al ver a su madre.

—Mamá, eres guapa —le dijo Beltrán, emocionado.

Mamá sonrió y en seguida apartó unas

hojas, abrió una ventana y el Sol metió en casa sus rayos dorados.

—¡Oooohh! —Por tres veces «¡ooooh!» gritaron sus hijos.

Desde la ventana descubrieron juntos las cosas hermosas que había allá fuera: el prado, con la hierba verde, y las amapolas, y las margaritas; y con los arbustos que estaban cubiertos de flores pequeñas y olían a miel. ¡Oooh!, ¡qué altos los árboles!, ¡qué alegres los pájaros y las mariposas!...

También divisaron más allá del prado, y muy a lo lejos, el bosque y los montes. Encima de todo sonreía el Sol, sentado en el cielo azul.

—¡Vamos, vamos, vamos! Salgamos de casa, quiero ver las cosas de mucho más cerca y aprender sus nombres —decía Beltrán, impaciente.

—Todavía no —le dijo mamá.

—Pero ya he crecido y veo muy bien. Vamos, por favor.

—Vuestras patas aún no son fuertes ni están preparadas para caminar. Os cansaréis pronto si salís de casa.

Beltrán se enfadó un poquito; pero aquel enfado no duró un minuto. Tenía buen carácter, y además pensó: «Si se está enfadado, no se habla con nadie, tampoco se juega, ni se da uno cuenta de que brilla el Sol y cantan los pájaros. Si se está enfadado, casi todo te parece mal... Estar enfadado es muy aburrido... Mejor no me enfado, mejor me pongo a comer y a comer para que mis patas se vuelvan muy fuertes».

Beltrán comió mucho y siguió mirando, desde la ventana, las cosas bonitas que había en el prado. Así, alegremente, el tiempo pasó.

Además, sin salir de casa, la señora Erizo les iba enseñando a sus hijos los nombres de árboles, flores y animales.

Por ejemplo, mamá les decía:

«El roble es un árbol fuerte, el fresno también. Los dos tienen las cortezas rugosas y ásperas y las copas anchas; en cambio, sus hojas son muy diferentes. Las del roble, grandes y onduladas; las del fresno, afiladas y pequeñas.

»Los jacintos son flores chiquitas, azules o rosa, que miran al suelo muy tímidamente. Las amapolas son rojas y alegres, sus pétalos grandes y sedosos, casi siempre miran hacia el cielo.

»La oruga peluda marcha por los árboles. Camina orgullosa, como si dijera: "Cuando pase el tiempo seré mariposa". Sin embargo, la humilde lombriz, delgada y sin pelo, se suele ocultar bajo la tierra...».

A veces mamá hacía preguntas sobre lo que les enseñaba. Se divertían mucho, parecía un juego. Más o menos, era como éste:

¿Cuál es?...

La lombriz

El roble

La amapola

El jacinto

El fresno

La oruga

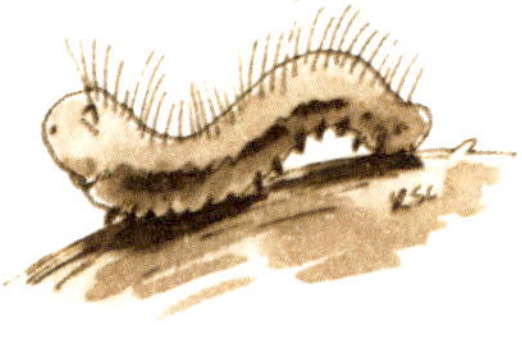

2

¡POR FIN!

¡¡Por fin!! ¡Por fin llegó el día de salir de casa!

La señora Erizo arregló a sus hijos: les peinó las púas, les frotó el hocico, les limpió las uñas...

Se notaba que estaba nerviosa.

—Portaos muy bien, sed muy educados. No quiero peleas ni gritos... Sobre todo, que nadie se aleje. ¡Los tres a mi lado!... ¿Me oyes, Beltrán?... —repetía una y otra vez.

Beltrán una vez y otra respondía: «Te oigo»; sin embargo, al salir de casa se olvidó de todo. Gritar no gritó y sí fue educado: dio las buenas tardes a las mariposas, a las mariquitas, a los saltamontes, a todos los pájaros... En cambio, no siguió a mamá. Fue sin darse cuenta, pero se alejó. No pudo evitarlo porque en la pradera había montañitas: una, dos, tres, cuatro... ¡Muchas montañitas! Y todas pequeñas, iguales, y de tierra blanda.

Beltrán subió a la primera: sus patas se hundían, era divertido.

Subió a la segunda ¡y resbaló!... No se hizo daño.

Subió a la tercera y se echó a rodar...

—¡Yuju! —Era estupendo.

Subía, bajaba; bajaba y subía; pero, de repente, la tierra se abrió, Beltrán no sabía cómo, y asomó la cara de un viejo señor que estaba enfadado. Miraba con ojos miopes y llevaba puesto un abrigo gris.

—¿No puedes quedarte ni un segundo

quieto? ¿Es que no vas a dejarme trabajar en paz?... Llevo todo el día haciendo montones ordenados, para que la tierra que saco de casa no moleste a nadie, y en cinco minutos tú los destruyes todos... ¿Te parece bien? —preguntó con la voz muy seria.

—Por favor, perdone... Es que no sabía que usted trabajaba sacando la tierra de casa. Tampoco sabía que estaba ordenada. Pensaba que eran montañitas que crecían solas... De verdad, lo siento —respondió Beltrán, rojo de vergüenza; y en seguida se puso a ordenar la tierra haciendo montones. Sin embargo, no quedaban bien...

—Bueno, bueno, bueno... Tus manos de erizo no entienden de esto, es cosa de topos... Deja, sigo yo.

En ese momento Beltrán oyó la voz de su madre. Parecía asustada.

—¡Beltrán! ¿Dónde estás, Beltrán?... Lo

siento, lo siento muchísimo, señor Topo —añadió cuando descubrió lo que había ocurrido.

—Mirándolo bien, no tiene importancia —dijo el viejo topo, y en su voz no quedaba ya ni chispa de enfado.

—Este hijo mío es atolondrado por naturaleza —se disculpó la señora Erizo.

—¡Bah! No se preocupe, parece un buen chico, y además todos tenemos defectos; por ejemplo, yo tengo mal genio.

—Adiós, señor Topo, y otra vez lo siento —repitió la señora Erizo, y luego gritó—: ¡Beltrán, a mi lado! Y no te separes ni medio centímetro.

Beltrán bajó la cabeza, se puso la mano sobre el corazón y le prometió muy solemnemente que a partir de entonces no se alejaría por nada del mundo.

—¡Pase lo que pase! —insistió mamá.

—Pase lo que pase —repitió Beltrán.

Pensaba cumplirlo, lo prometió en serio; pero lo olvidó, porque de repente vio pasar a las musarañas; graciosas, pequeñas, con el rabo en alto, y además cantaban:

Una, dos y tres.
Nos gusta cantar sin desentonar.
Una, dos y tres.
Nos gusta marchar llevando el compás.
Cantando y marchando,

cantar y marchar, marchar y cantar;
sin desentonar, llevando el compás.
Marchando al cantar.
Cantando al marchar.
Cantar y marchando,
marchar y cantando,
sin desentonar, llevando el compás.

La canción era tan difícil que a Beltrán casi le sonaba como un trabalenguas. Sin embargo, le gustó aprenderla.

—Una, dos y tres... —canturreó—. Una, dos y tres.

Y, sin darse cuenta, se apartó de su madre y comenzó a seguir a las pequeñas musarañas.

—Una, dos y tres... Llevando el compás.

—Una, dos y tres, sin desentonar.

Beltrán estaba encantado. Era algo genial. ¡Cruzar la pradera jugando a soldados!... Hasta que mamá Musaraña gritó:

—¡Alto! —Y la alegre fila se detuvo.

—Una hija, dos hijas, tres hijas, cuatro hijas, cinco hijas, seis hijas, siete hijas, ocho hijas —contó la señora Musaraña, y de repente exclamó asombrada—: ¿Ocho hijas?

Y en seguida contó de nuevo.

—Una hija, dos hijas... ¡Ocho hijas!... ¡Tengo una hija más!... No lo había notado. ¡Por Dios, qué cabeza la mía! No hay duda de que me sobra una hija; pero ¿desde cuándo?...

Las pequeñas musarañas se morían de risa...

—Me parece a mí que la hija que a usted le sobra es justamente el hijo que a mí me falta —dijo la señora Erizo.

Las pequeñas musarañas decían entre carcajadas:

—¡Es Beltrán, mamá! No es ninguna hija.

—Ya decía yo... Bueno, es un alivio —suspiró la señora Musaraña, y también rió.

Mientras tanto el pobre Beltrán pedía un milagro, y también reía, aunque con risa boba y asustada. «¡Tierra, trágame!», pensó cuando oyó a mamá.

—Beltrán, lo habías prometido...

—Lo había prometido; pero... —susurró con voz temblorosa y muy finita.

—No hay peros que valgan. ¡Te quedas dos días sin salir de casa! —exclamó su madre con voz de dragón.

¡Dos días sin salir de casa!... Eso era terrible, no lo aguantaría...

—Por favor, perdón... Prometo que... —empezó a decir; sin embargo, mamá lo cortó.

—No prometas nada...

Fue un castigo duro. De todas maneras Beltrán no se aburrió tanto como había pensado: sus hermanos se portaron bien, al volver del prado le traían regalos, cosas muy pequeñas, sin ningún valor; pero demostraban que no lo olvidaban. Y tuvo visitas. De las musarañas, que llegaron juntas, siguiendo a su madre.

—Una, dos y tres, llevando el compás.

—Ánimo, Beltrán, cuando te perdonen jugaremos juntos a lo que tú quieras, y cerca de casa —dijeron las siete pequeñas.

—Pero con permiso de la señora Erizo —añadió la señora Musaraña.

—Eso por supuesto —le dijo Beltrán.

Luego el señor Topo llegó despacito, se ajustó las gafas y dijo:

—Cuando te perdonen, te haré una montaña de tierra blandita, será como un tobogán; y podrás subir y bajar por ella cuando se te antoje.

—¡Mil gracias! —exclamó Beltrán.

Una mariposa de vivos colores, alegre y pequeña, voló para él e hizo piruetas, de una flor en otra.

Después, un conejo que iba saltando detuvo sus pasos en seco.

—¿Estás aburrido? —preguntó muy amablemente.

—Bueno, quizá un poquito...

El conejo entonces, para entretenerlo, frunció el hocico, dobló las orejas y zapateó...

¡Qué payaso era! Beltrán reía a carcajadas...

De pronto, el conejo lo miró con ojos formales y serios y le preguntó:

—¿Quieres ser mi amigo?

Beltrán no dudó un momento y respondió que sí.

Entonces el conejo dijo:

—Tener un amigo siempre es algo bueno. Mira, cuando uno está alegre, su amigo se alegra y, riendo juntos, la alegría parece más grande. En cambio, cuando uno está triste y su amigo también se entristece, parece que la tristeza se hace más pequeña, parece que él te ha quitado un trozo de pena.

Beltrán pensó unos momentos y estuvo de acuerdo.

—Ya somos amigos, y ahora yo estoy menos triste...

Otra vez el conejo, que ya era su amigo, arrugó el hocico, dobló las orejas y zapateó. Luego se marchó diciendo:

—¡Me alegro! ¡Me alegro!

3

AMIGOS

Después del castigo Beltrán procuraba marchar con mucha atención y no despistarse. Casi siempre iba con mamá; pero a veces, durante un instante, se quedaba atrás. No podía evitarlo: lo miraba todo, todo le encantaba... Sus ojos se abrían como platos si veía algo nuevo, y sus patas, ¡zas!, torcían el rumbo o se detenían.

Menos mal que Beltrán tenía muy buenos amigos, casi todo el mundo era amigo suyo, por eso nunca le faltaban los buenos consejos.

—Beltrán, ten cuidado, te estás apartando —decían desde el aire sus amigos pájaros.

—¡Atento, Beltrán! O te pasarás dos días sin salir de casa —decía desde el suelo el viejo señor Topo.

—¡Beltrán!, sigue tu camino —le recordaba la alegre mariposa, desde cualquier flor.

—No, Beltrán, no puedes venir con nosotras sin tener permiso —le avisaban las pequeñas musarañas.

En resumen, Beltrán se portaba bien. La señora Erizo estaba contenta. Por eso, de cuando en cuando, lo dejaba jugar a su aire.

Por ejemplo, Beltrán y sus dos hermanos podían jugar a su gusto en el tobogán que hizo el señor Topo. No había peligro porque el viejo amigo salía de casa y no los perdía de vista ni medio minuto.

También a veces la señora Erizo lo dejaba pasear con las musarañas y con su mamá.

—Una, dos y tres. —Jugando a soldados.

—Rancataplán, rancataplán. —Tocando el tambor.

De pronto, mamá Musaraña detenía sus pasos.

—¡Alto! —Y contaba hijas—: Una, dos, tres, cuatro, cinco, seis, siete... y ¡ocho! Todo marcha bien: siete hijas y además Beltrán... —decía satisfecha—. ¡En marcha! —añadía mamá Musaraña.

—Una, dos y tres, llevando el compás.

—Una, dos y tres. Nos gusta cantar sin desentonar.

—Rancataplán, rancataplán.

¡Qué contento estaba Beltrán! ¡Qué alegría jugar en el prado! ¡Y qué felicidad tener tantos amigos!

El mejor de todos era aquel conejo que iba a ser payaso. Tenía buen humor y mucha paciencia: se había empeñado en que

Beltrán y sus dos hermanos aprendieran a zapatear.

—Tap, tap, tap... Tap, tap, tap. —Ritmo y energía—. Tap, tap, tap. —Ritmo y energía...

Los hermanos de Beltrán se cansaron pronto; pero, en cambio, él lo intentó mil veces. Además de inquieto era testarudo por naturaleza.

—Tip, tip, tip... —hacían sus cortas patitas—. Tip, tip, tip... —Y en seguida, ¡plaf!, al suelo Beltrán.

Él se levantaba y volvía a empezar...

En el prado todos se reían y hacían apuestas: «Lo va a conseguir». «Ni pensarlo.»

—¡Beltrán!, ¡Beltrán!, ¡Beltrán! —animaban unos.

Y en cambio otros le gritaban:

—¡Ríndete, Beltrán! No hay ningún erizo que sepa bailar.

—¡Él será el primero! —decía el conejo.

—¡Yo seré el primero! —decía Beltrán antes de caer.

No lo consiguió. Lo que es imposible nunca puede ser.

A pesar de todo, Beltrán no perdió su tiempo; tampoco el conejo. Hacer ejercicio y tener paciencia siempre viene bien; además, pasando tantas horas juntos, creció su amistad.

Por cierto, un día el conejo salvó la vida a Beltrán.

El pequeño erizo corrió un gran peligro. No fue una imprudencia, ni se despistó, ni se alejó mucho: Beltrán estaba sentado muy tranquilo, al lado de casa. Su madre y sus dos hermanos dormían la siesta; pero él miraba a los pájaros, las mariposas, o las amapolas, daba casi igual, lo importante era que estaba contento y también en paz.

Y de pronto... «Ssssss»... Qué animal tan

raro se estaba acercando por entre la hierba. Parecía una cuerda, pero se movía. Venía marchando y no tenía patas. La cola afilada, la cabeza plana, los ojos furiosos, la lengua muy larga. La piel la tenía cubierta de escamas. «Ssssss...», decía como si cantara...

¡Qué miedo, qué miedo! Marchaba despacio, derecha a Beltrán. Pensaba atacarlo, y él no se enteraba.

Por suerte, su amigo el conejo bajaba del monte con los pasos rápidos. La vio desde lejos, dio un salto tremendo y gritó: «¡Cuidado!».

Beltrán se ocultó y el conejo asustó a aquel ser extraño que era... ¡una serpiente!

¿Cómo la espantó? Pues zapateando. ¡Tap, tap, tap, tap! «¡Vete, vete, vete!», gritaban sus patas, «¡tap, tap, tap, tap!».

También el conejo estaba asustado; pero la serpiente no se lo notó. Debió de pensar que era un bicho loco y muy peligroso, y por eso huyó.

Aún el conejo no se conformó: corrió tras ella pateando el suelo con todas sus fuerzas. Quería que creyera que estaban sonando tambores de guerra.

Cuando regresó, Beltrán todavía temblaba.

—Conejo, mil gracias; te debo la vida —le dijo con voz de emoción.

—Bah, no me debes nada...

—¡Sí que te la debo! —insistió Beltrán.

—Bueno, si te empeñas; pero soy tu amigo, era natural que te defendiera. Quizá algún día tú salves mi vida.

—Conejo, ven, dame un abrazo.

—Mira, mejor no... Yo te quiero mucho, pero no me olvido ni un solo momento de que tienes púas —respondió el conejo, y luego arrugó el hocico, dobló las orejas y zapateó.

—¡Qué payaso eres! —exclamó Beltrán.

Los dos se rieron, y el susto pasó.

Lo que son las cosas, no mucho después Beltrán devolvió el favor enorme que le hizo su amigo el conejo y también él le salvó la vida.

4

BELTRÁN DEVUELVE UN GRAN FAVOR

Pocos días después Beltrán observó que amigo conejo llegaba corriendo con patas de miedo y ojos de terror.

—¿Qué sucede, amigo? ¿Por qué corres así? —le preguntó inquieto.

Su amigo el conejo, sin dejar de correr, le contó lo que sucedía; pero con palabras tan confusas y atropelladas que Beltrán tuvo que hacer un gran esfuerzo para ponerlas en orden: «Me zorro persigue corro el porque. Alcanzarme de punto a está. Mis pasos en orejas sus suenan. Entre cola árboles su los veo».

Justo cuando Beltrán acabó de ordenar las palabras de su buen amigo el asustado conejo, apareció el zorro. También llegaba a todo correr y estaba muy agitado.

—¿Has visto pasar por aquí a un conejo? —le preguntó sin dejar de correr.

—Ay, no sé, no sé, quizá sí, quizá no. Tengo que pensarlo. Pero espere un poco, señor Zorro, deme alguna pista y hablemos los dos con tranquilidad. Además, recuerde, lo dice el refrán: «Ve despacio, que tengo prisa».

En verdad el zorro tenía mucha prisa; pero se detuvo: bien podría ser que el erizo tuviera razón.

—Ese conejo por el que pregunta, ¿tenía el pelo gris?... —dijo Beltrán.

—¡Sí! Tenía el pelo gris —respondió el zorro muy excitado—. ¿Por dónde se fue?

—Espere un momento, piense en el refrán. ¿Y tenía las orejas largas?

—Sí, ¡muy largas!... ¿Por dónde se fue?...

—Un segundo más, quiero estar seguro. ¿Y también tenía el rabo pequeño?...

—Y el rabo pequeño, ¡ése es el conejo! —exclamó el zorro.

—Pelo gris, orejas muy largas y rabo pequeño... Pues no, no lo he visto...

Los ojos del zorro se encendieron como dos carbones.

—¿Te burlas de mí? —preguntó furioso.

En verdad parecía una burla; pero no lo era. Beltrán pretendía ir ganando tiempo, por eso añadió:

—Cálmese y perdone. Sólo era una broma. ¿Sabe?, no puedo evitarlo porque soy bromista por naturaleza... Pero ahora en serio: ¡he visto al conejo!

—¿Por dónde se fue? —le preguntó el zorro con voz de impaciencia.

—Déjeme que piense...

—Tengo mucha prisa.

—Lo sé; pero en esta vida las prisas no sirven de nada cuando no se piensa.

—Pues entonces, ¡piensa de una vez!

—Eso es lo que hago... No, no vuelva a alterarse, que ya lo he pensado: el conejo se fue por allí.

—¿Dónde es por allí?...

—Por allí es por la derecha.

—¿Estás seguro?

—Por completo, lo he pensado mucho. Vaya siempre recto hacia la derecha, y no se detenga.

—Eso, por supuesto —dijo el zorro, y corrió, ansioso, ¡hacia la derecha!—. ¡Gracias! —gritó desde lejos.

—De nada, no me las merezco —respon-

dió Beltrán educadamente, y se echó a reír. Cualquiera entiende por qué; como es natural, el conejo había huido justo por la izquierda.

Después de un buen rato, regresó el conejo.

—Tanto el agotado he cuerpo estoy duele que y corrido me. El orejas y tiemblan las hasta patas me rabo las —dijo con palabras otra vez liadas.

Beltrán las volvió a ordenar y dijo al conejo:

—Descansa tranquilo y no te preocupes.

He engañado al zorro. Le hice perder tiempo y luego le dije que tú habías huido hacia la derecha... Todavía estará corriendo, y siempre recto hacia...

—¡La derecha! —exclamó el conejo. Arrugó el hocico, dobló las orejas y zapateó.

—Mil gracias, amigo. Ahora también yo te debo la vida.

—Yo te la debía.

—Yo te la debo...

—No, tú no me la debes, yo te la debía...

—Ya no me la debes.

—Sí que te la debo.

—Entonces también te la debo yo.

—No sé qué decirte...

—Si no me la debes, yo no te la debo. Si yo te la debo, tú sí me la debes. Te debo, me debes, me debes, te debo... Dilo muy de prisa y verás qué lío.

—Mejor lo dejamos; pero antes tengo que decirte algo: también le debes la vida a tus patas largas. Si no las tuvieras, no estarías aquí. ¿Estamos de acuerdo, amigo conejo?

—Estamos de acuerdo, amigo erizo. Por suerte mis patas son largas, ágiles y fuer-

tes. Dan saltos muy grandes y pocos me alcanzan cuando estoy corriendo. Pero no lo olvides: todo el mundo tiene una u otra cosa con que defenderse. Tus patas son cortas y débiles; sin embargo, tu cuerpo está cubierto de púas. En caso de apuro, te haces un ovillo, metes la cabeza, y nadie se atreve a atacarte. ¡Tus púas te protegen!

—Todo eso es cierto. Pero a veces uno se despista, o topa con alguien que es mucho más rápido o mucho más fuerte... Y entonces, para defenderte, están los amigos.

—Tienes razón, amigo Beltrán. ¿Sabes lo que pienso?

—¿Qué piensas, amigo conejo?

—Que, por ser tu amigo, tengo mucha suerte.

—Yo también la tengo...

—La tengo, la tienes; la tienes, la tengo... Por lo que parece, los dos la tenemos.

5

EL ENCINAR

Pasaron los días y Beltrán y sus dos hermanos siguieron creciendo, por fuera y por dentro, o lo que es lo mismo, se hicieron más grandes y algo más formales.

A veces la señora Erizo les dejaba marchar solos por el prado, jugar a su gusto, hablar con la gente y acostarse un poco más tarde. De todas maneras, al salir de casa siempre les decía:

—Prometedme que no iréis muy lejos. Por favor, Beltrán, que no se te olvide... Beltrán, ¿lo has oído?...

Beltrán lo había oído, y lo prometía. Sin embargo, estaba seguro de que allá «muy lejos» no había peligros, ni grandes ni chicos... Se moría de ganas de llegar al bosque, o subir al monte... Pero de momento se conformaría con cruzar el prado y marchar un poco por el encinar.

«Mi amigo el conejo se aleja cuando le apetece y no ocurre nada», pensaba el inquieto erizo. Ya no se acordaba de que no hacía mucho el zorro lo puso en grave peligro.

De todas maneras, Beltrán había hecho una promesa y la cumpliría. ¡No saldría del prado! Aunque sus patitas pidieran nerviosas cien veces al día: «Por favor, aléjate; por favor, aléjate».

Sin embargo... En fin, no fue por su culpa... Beltrán no tenía intención de alejarse tanto, y la mariposa era muy bonita. No podía dejar de mirar sus preciosas alas de muchos colores. Volaba despacio; subía, bajaba, y se detenía sobre cualquier flor. El Sol la volvía brillante y dorada.

Parecía como si danzara. Beltrán la seguía sin pensar en nada. Así cruzó el prado. Así, poco a poco y sin darse cuenta, llegó al encinar.

La señora Erizo decía que aquél no era buen sitio. En primer lugar porque había muchísimos árboles, y miles de arbustos, ¡y tan apretados!... Era algo muy fácil perderse entre ellos; en segundo lugar, porque en el encinar se ocultaban animales grandes, peligrosos y siempre fieros.

Pero Beltrán no recordó lo que su madre decía. Se le había olvidado porque estaba siguiendo a la mariposa, y además, por primera vez, salía del prado.

Las encinas tenían las copas muy an-

chas, las ramas muy fuertes y las hojas pequeñas, oscuras y ásperas.

Parecían árboles muy serios. Mirándolos, Beltrán se olvidó de la mariposa.

¡Qué silencio había en el encinar!...

Al andar, crujían las hojas caídas: «¡Crac! ¡Crac!... ¡Crac!...».

Un cuco a lo lejos comenzó a cantar: «Cucú; cucú».

«Te he visto, Beltrán. ¡Silencio, silencio!», pensaba el erizo que estaba diciéndole, por eso marchó de puntillas.

A pesar de todo las hojas caídas seguían crujiendo, y el cuco seguía cantando:

«Cucú, cucú; cucú, cucú»...

De pronto, una tórtola se empezó a quejar.

—Uno cuqueando y otro cracreando hacen que el silencio se haga pedazos. Por favor, descracrea, descuca, descuca, descracrea... que descracreando y descucando volverá la calma a nuestro encinar...

Beltrán hizo lo posible por descracrear. No lo consiguió y por eso se sentó en el suelo, rojo de vergüenza.

Entonces de nuevo regresó el silencio. Sólo las palomas cucurruqueaban, hablando de amor:

—Cucurrucucú-cucurrucucú: «Te quiero, ¿me quieres?».

—Cucurrucucú-cucurrucucú: «¿Me quieres? Te quiero».

Sus voces sonaban suaves y dulces, por eso nadie les chistó.

Beltrán se tumbó en el suelo y pensó:

«¡Qué tranquilidad!... No hay ningún peligro. Mamá no tenía razón... En el encinar la gente es tranquila, pacífica y muy educada.»

Pero de repente oyó un sonido extraño, y

escuchó asombrado: no podía ser, se habría equivocado, lo que oía no era verdad, estaría soñando. En el encinar nadie hacía ruido.

Sin embargo, no se equivocaba: ¡alguien discutía! Gruñidos, insultos, voces enfadadas... Ya no había duda: ¡estaban riñendo!... ¿Por qué reñirían?

Con mucho cuidado, se acercó a mirar. Desde luego no le preocupaba seguir cracreando, con tanto alboroto nadie lo oiría.

Detrás de unas matas de encinas enanas vio a tres hermanos que se peleaban.

¡Huy! ¡Qué sobresalto! No había en el mundo otros animales con mayor peligro para los erizos: las púas no los asustaban, y con las pezuñas les daban la vuelta por la parte blanda. Entonces... Mejor no pensarlo.

Su madre lo tenía dicho: «Si os cruzáis con uno, quedaos como muertos, no mováis ni un dedo... Mejor que no os vean ni tampoco os oigan. Y en cuanto podáis, ¡alejaos rápido!».

Bueno, pero aquellos tres todavía eran muy pequeños... De todas maneras haría lo posible para no ser visto ni tampoco oído. Se quedaría quieto detrás de las matas, así los vería sin que ellos supieran que estaba mirándolos.

¡Qué graciosos eran!

Tripones, gorditos; con las patas cortas, de negras pezuñas y el rabo enroscado. Caras alargadas, ojillos pequeños y juntos; narices anchas y muy chatas; orejas caídas. Parecían cerditos; pero con abrigos de pieles rayadas.

Eran, eran, eran... Sí, señor: crías de jabalíes, aunque de chiquitos se llaman rayones.

En ese momento no había motivos para

tener miedo; sin embargo, Beltrán no olvidaba que su enorme padre tenía muy largos colmillos. ¡Y podía estar cerca!...

El padre no estaba; pero sí la madre. ¡Qué susto se llevó Beltrán cuando apareció!

Llegaba gritando y rompiendo ramas. ¡Cómo cracreaba! Era impresionante.

Beltrán se hizo el muerto, no movió una púa.

Por suerte ella no lo vio. De todas maneras, si llega a pisarlo, lo hubiera aplastado.

Estaba enfadada, y riñó a sus hijos muy severamente. Por lo visto había prohibido que se pelearan.

Con cuatro gruñidos los puso más tiesos que un palo.

Era un bicho enorme y además tenía un genio horrible. Verdaderamente era peligroso, muy peligroso. La señora Erizo llevaba razón.

En cuanto pudo, el pobre Beltrán se puso en camino de regreso a casa, corre que te corre, tiembla que te tiembla, cracrea que cracrea...

En la lejanía el cuco cantó:

«Cucú, cucú.» «Silencio, silencio.»

Beltrán no hizo ningún caso... Era muy curioso, por lo visto el cuco sólo regañaba a los más pequeños; a la jabalina, ni le rechistó.

Tampoco la tórtola dijo una palabra al erizo.

Que uno cuqueara y otra protestara le daba lo mismo, en aquel momento sólo le importaba alejarse rápido.

—Hasta que sea grande, no saldré del prado —se decía a sí mismo—. No saldré del prado. No saldré del prado... —iba repitiendo, de regreso a casa.

6

LA VIDA TRANQUILA Y ALEGRE

A partir de entonces la vida transcurrió tranquila y alegre, y no pasó nada de gran emoción. Aunque sí hubo un día... Pero, bien pensado, no fue ninguna aventura, nada peligroso. Sólo sucedió que el pobre Beltrán hizo un gran ridículo. Todos se rieron, hasta sus amigos. No fue por malicia, sino que Beltrán estaba tan raro con aquello encima...

No sé si contarlo... En fin, ya veremos. Puedo comenzar, y si alguien se aburre, que pase las páginas sin remordimiento.

Pues bien, la cosa fue así:

Como ya sabemos, en el prado había matorrales, muchos y de varias clases; también había árboles: fresnos, robles, olmos... No crecían muy juntos, ni eran muy altos; pero sí tenían las ramas alegres. Ninguno de ellos era un árbol serio.

En los árboles vivían los pájaros: mirlos, gorriones, estorninos, urracas... alguna abubilla... algún ruiseñor... En fin, eran muchos.

A los árboles eso les gustaba. Estaban contentos de oírlos cantar y hablar de sus cosas. Y en la primavera, cuando hacían sus nidos y nacían sus hijos, los árboles se sentían felices, y hacían lo posible para protegerlos del aire y el frío. Para eso ponían mucho empeño en juntar las hojas y apretarlas bien.

Eso no es problema para un árbol sano; de todas maneras, no hay ni un solo árbol que no pierda hojas cuando sopla el viento.

Por eso debajo de todos había hojas caídas, crujientes y secas.

A nadie importaba que hicieran «crac-crac» cuando las pisaban. Al contrario, en el prado casi todo el mundo pensaba que aquel ruidito era divertido.

Además de eso los pequeños de cualquier especie: erizos, ratones, conejos, topos, lagartijas... jugaban con ellas librando batallas que a nadie dañaban o escondiendo algo que luego tenían que buscar. El que lo encontraba ganaba el concurso de cosas perdidas...

Y también los árboles estaban contentos de que los pequeños cogieran sus hojas para entretenerse. Fresnos, robles, álamos... eran generosos y daban con gusto lo que les sobraba.

A Beltrán le encantaba jugar con las hojas, oírlas crujir y luego rodar sobre ellas.

—¡Beltrán es un árbol pequeño que ca-

mina! —gritaban los pájaros cuando él se alzaba del suelo.

Lo decían porque las hojas caídas se habían clavado en las púas de Beltrán.

A él le gustaba mucho convertirse en un árbol pequeño que caminaba.

Orgulloso, recorría el prado con el cuerpo cubierto de hojas y una gran sonrisa abierta en los labios.

En el prado no había nadie más que pudiera convertirse en árbol pequeño siempre que quisiera. Sus hermanos sí; pero ellos eran serios y formales. Decían que eso de llevar hojas en las púas era una bobada.

—Pues a mí me encanta —decía Beltrán.

Sin embargo, un día, además de hojas había en el suelo una cosa extraña. No era de los árboles ni tampoco era de nadie del prado. Entonces ¿por qué estaba allí?... En el prado nadie lo sabía.

Parecía un día como los demás y Beltrán hizo lo de siempre: rodar por el suelo...

Al alzarse, pensaba oír la voz de los pájaros diciendo: «¡Beltrán es un árbol pequeño que camina!».

Sin embargo, no dijeron eso.

Al principio sólo oyó la voz del silencio. Eso era muy raro: los pájaros, si estaban despiertos, jamás se callaban.

Los miró con ojos de asombro, y de pronto ellos soltaron la risa. Se rieron todos a la vez, y fue como una explosión.

—Ay, Beltrán, Beltrán. ¿Qué es eso que llevas detrás? —preguntaron, todavía entre risas, gorriones, verdecillos, mirlos, urracas...

—Hojas, llevo hojas, todos lo sabéis, soy un árbol pequeño que camina —respondió Beltrán aún asombrado.

—Hojas y otra cosa más.

—¿Qué llevo?

—Pues no lo sabemos —decían los pájaros con voces cortadas de tanto reír.

El pobre Beltrán se dirigió a casa muy avergonzado.

—¡Eh!, Beltrán, ¿qué es eso que llevas a la espalda? —preguntaban asombrados todos sus amigos cuando él pasaba.

Al llegar a casa, sus hermanos giraron los ojos.

—Beltrán, ¿qué traes a la espalda? —gritaron llorando de risa.

—Por favor, quitádmelo —pedía Beltrán.

—No podemos, nos da mucho asco.

Menos mal que entonces llegó la señora Erizo y se lo quitó.

—¿Qué es eso? —gritó Beltrán cuando vio lo que ella tenía en la mano.

Era algo blando, amarillo y largo... ¡Puaf! Verdaderamente daba mucho asco aquella cáscara de plátano.

—¿Qué es eso? —repitió Beltrán.

—No sé. Yo nunca había visto nada parecido.

—¿Y para qué sirve?...

—No sirve para nada.

—Pues entonces, ¡tíralo!

—¿Tirarlo? ¿Qué dices, Beltrán? ¿A ti te gusta llevar esta cosa colgada a la espalda?

Beltrán movió la cabeza diciendo que no.

—¿Te parece entonces que al prado le puede gustar tenerlo tirado en su hierba?... Mejor lo enterramos —añadió mamá.

En seguida toda la familia se puso a cavar. Acabaron pronto, tenían uñas largas.

De regreso a casa Beltrán llevaba el hocico de estar disgustado.

—¿Qué ocurre, Beltrán? —preguntó la señora Erizo.

—Todos mis amigos se reían de mí, también mis hermanos.

—Beltrán, hijo mío, estabas muy raro.

Parecías una enorme mariposa de alas amarillas.

—¿Una mariposa? ¿De verdad parecía una mariposa?

—De alas amarillas y muy arrugadas —dijeron sus hermanos, otra vez riendo.

—¡Me gustaría tanto tener unas alas! Aunque fueran grandes, amarillas y muy

arrugadas —exclamó Beltrán ya de buen humor. Y luego añadió—: Si yo las tuviera, dormiría en los árboles. Cruzaría los aires, iría con los pájaros y con los murciélagos... ¡Sería estupendo tener unas alas!

—Conozco una vieja historia de alguien que necesitaba tener unas alas... —dijo de repente la señora Erizo.

Los ojos de Beltrán brillaron. Aunque fuera inquieto por naturaleza, escuchando historias se sentía feliz.

—Por favor, cuéntala, mamá —suplicó impaciente.

En ese momento asomó la Luna por entre los árboles, y la señora Erizo añadió:

—Precisamente esa vieja historia tiene mucho que ver con la Luna.

7

LA VIEJA HISTORIA DEL SAPO ENAMORADO

—Había una vez un viejo y feo sapo... —comenzó a decir mamá Erizo, y los ojos de Beltrán brillaron todavía más.

»Que vivía junto a una charca —continuó la señora Erizo—. Durante todo el día el viejo sapo dormía y descansaba oculto en la orilla, y al anochecer salía de su casa, y en cuanto asomaba la Luna, cantaba y soñaba.

—¿Soñaba despierto? —preguntó Beltrán.

—Soñaba despierto —respondió mamá.

—¿Y con quién soñaba?

—Soñaba con la Luna, y también cantaba para ella, porque el viejo y feo sapo se había enamorado de la Luna.

—¿Se había enamorado de la Luna? —preguntaron entre risas los hermanos de Beltrán.

—De la Luna —repitió mamá Erizo.

—Pero si la Luna vive en el cielo y los sapos viven en la tierra... Pero si la Luna es guapa y el sapo era viejo y feo —exclamaron los hermanos de Beltrán sin poder contener la risa. En cambio Beltrán no decía nada.

—A pesar de eso, el sapo estaba muy enamorado. A fin de cuentas, uno puede enamorarse de cualquiera —explicó la señora Erizo.

—¿Y la Luna lo sabía? —preguntaron de nuevo los hermanos de Beltrán.

—La Luna no lo sabía —respondió mamá Erizo.

—Si lo hubiera sabido, se habría muerto de risa.

—Quizá sí, quizá no... —dijo con voz de misterio la señora Erizo.

—Seguro que sí. ¿Cómo iba la Luna a casarse con un viejo sapo?...

—Yo no he dicho que el sapo pensara casarse con la Luna, bien sabía el pobre que era viejo y feo; lo único que he dicho es que soñaba despierto y cantaba para ella.

—¿Y qué era lo que el viejo soñaba? —preguntaron los hermanos de Beltrán con voces de burla.

—Que la Luna lo miraba... Y a veces soñaba que también lo quería, un poquito —susurró de pronto Beltrán.

—Ese sapo debía de estar loco por completo... —rieron de nuevo sus hermanos.

Por lo visto aquella historia les parecía muy divertida; pero a Beltrán no.

—Mamá, ¿qué cantaba el sapo? —preguntó Beltrán, hablando en voz baja.

Hermosa y amada Luna,
de cara de plata y
sonrisa blanca.
Si yo tuviera unas alas
por un camino de estrellas
subiría a visitarla.

—Pues nos parece una canción bastante tonta —dijeron los hermanos de Beltrán riendo como bobos.

—Quizá lo fuera; pero él la cantaba con todo el corazón —dijo la señora Erizo.

—¿Y la Luna oía lo que cantaba el pobre sapo? —quiso saber Beltrán.

—No, porque vivía en el cielo, y la voz no le llegaba.

—Si lo hubiera oído, seguro que se habría reído —dijeron los hermanos de Beltrán.

—No sé, no sé; no todo el mundo se ríe de las mismas cosas. Las que sí rieron fueron las ranas —dijo la señora Erizo.

—¿Las ranas?...

—Sí, las ranas. Ellas se morían de risa cada vez que oían cantar al sapo. «Tan viejo y tan feo y se le ocurre ir a enamorarse de la hermosa Luna... ¡Qué cosa tan ridícula!» Exactamente eso decían las ranas, y, por cierto, se parece mucho a lo que decís vosotros dos —dijo mamá Erizo, mirando a los hermanos de Beltrán. Y luego añadió—: Y sin embargo...

—¿Y sin embargo? —preguntó Beltrán, emocionado.

—Sin embargo... Bueno, lo que sucedió quizá suene extraño... Si queréis saberlo, no me interrumpáis, que la historia sigue, o mejor, quizá sea ahora cuando de verdad empieza.

»Pues sucedió que un día el viejo sapo se dijo a sí mismo: "Si no tengo alas para subir a visitar a la hermosa Luna, podría pedirlas prestadas. Las devolvería en seguida, eso no es, ni mucho menos, lo mismo que si yo quisiera que me las regalaran. Nadie me regalaría sus alas; pero prestármelas ya es otra cosa". El viejo sapo, además de feo, era bastante tímido y le costaba muchísimo hablar con sus vecinos, y aún más para pedirles alguna cosa prestada; pero estaba enamorado, de modo que se fue a ver a los pájaros. Su piel verdosa estaba por completo roja, a causa de la vergüenza.

»—Por favor, amables señores pájaros, ¿podrían prestarme unas alas? Las necesito para ir a visitar a la Luna. No se preocupen. Las devolveré en seguida y estarán muy bien cuidadas —pidió con voz débil.

»—¡Qué cosas pregunta usted! Los pájaros nunca prestamos las alas. Las necesitamos siempre. Un pájaro sin sus alas ya no sería un pájaro —le respondieron con bastante mal humor.

»Entonces el viejo sapo se fue a ver a las mariposas y les dijo exactamente lo mismo que había dicho a los pájaros, pero aún con mucha mayor vergüenza.

»—¿Cómo se le ocurre a usted pedir las alas prestadas a ninguna mariposa? ¿Olvida que las mariposas no pueden vivir sin alas? —gritaron las mariposas aún más enfadadas que los pájaros.

»El viejo sapo no sabía dónde meterse; pero estaba enamorado, así que siguió pidiendo alas prestadas a los saltamontes, a las mariquitas, a las libélulas... Hasta a las avispas y a las abejas se las pidió.

»Todos se escandalizaban, de modo que el viejo sapo al fin se dio por vencido.

»Con la esperanza perdida, fue a sentarse junto al agua. Miró a la lejana Luna y dejó sueltas sus lágrimas.

»Y precisamente entonces sintió que el viento llegaba. Venía agitando ramas y haciendo que hojas caídas volaran entre sus ráfagas...

»De pronto, el sapo tuvo una idea: si el viento soplara fuerte, él podría llegar muy alto aunque no tuviera alas.

»Sin embargo, el viento dijo que no, que lo sentía muchísimo, que por más que él soplara no podría llevar a un sapo a lo alto del cielo.

»Entonces salió la Luna, y el viejo y feo sapo, lo mismo que cada noche, cantó para ella:

»Hermosa y amada Luna
de cara de plata
y sonrisa blanca.

Como no encuentro unas alas
nunca podré visitarla.

»En ese justo momento el viento sopló muy fuerte, y envolvió entre sus ráfagas la canción que el sapo estaba cantando. Como unas pocas palabras apenas pesan nada, consiguió hacerlas llegar muy alto.

»Lo mismo que cada noche, la Luna estaba sentada a la puerta de su casa. De pronto, escuchó la voz del sapo y se sintió enamorada. Sin perder medio minuto, echó llaves y candados y empezó a bajar del cielo por un camino de estrellas.

»Y, cuando estuvo bien cerca, alargó todos sus rayos, metió la cara en la charca, y el agua se hizo de plata.

»—Y colorín colorado, esta historia se ha acabado —terminó diciendo la señora Erizo.

Durante algún tiempo, Beltrán y sus dos hermanos permanecieron en silencio, mirando a la Luna.

—Es una historia muy rara —dijo por fin uno de ellos.

—Yo no creo que la Luna se enamorara del sapo —dijo el otro—. Y mucho menos que se bajara del cielo y se metiera en el agua.

—Pues yo sí me lo creo —dijo Beltrán, y luego se levantó—: Venid conmigo —añadió, caminando rápidamente.

Sus hermanos lo siguieron intrigados.

Beltrán fue a detenerse junto a la pequeña charca que las lluvias de la primavera habían formado en un extremo del prado:

—¡Mirad! —exclamó.

Sus hermanos miraron y... ¡la Luna estaba en el fondo! ¡Y el agua parecía de plata!

—Pero no hay ningún sapo... —se burló uno de sus hermanos.

¡Y de pronto lo vieron!: tenía la piel verdosa, y los ojos abultados y redondos. Era feo y muy viejo. Estaba sentado en la orilla, cantaba, y parecía alegre.

8

ADIÓS

Los días siguieron pasando, también las semanas, tan de prisa que podría decirse que el tiempo volaba.

Un atardecer, la señora Erizo miró a sus tres hijos y exclamó:

—¡Cómo habéis crecido! —Y luego añadió—: No me daba cuenta de que ya sois mayores...

Su voz parecía extraña y sus ojos tristes. Beltrán y sus dos hermanos no sabían por qué. De todas maneras, para consolarla, le dieron tres besos. Sin embargo, no la consolaron.

La señora Erizo pasó algunos días sin ganas de nada. Sus hijos temían que estuviera enferma; pero no era eso.

El mal no estaba en su cuerpo, más bien estaba en su alma: sabía que cuando Beltrán y sus dos hermanos crecieran del todo se irían de casa. Era natural; pero la apenaba.

La vida nunca se detiene, por eso, como todo llega, acabó llegando lo que ella temía, y un día sus tres hijos dijeron: «Nos vamos».

La señora Erizo los abrazó fuerte mientras los miraba con ojos de llanto.

—Hijos, que seáis buenos y felices, y cuidaos mucho. No olvidéis nunca que en el mundo hay cientos de enormes peligros.

Los hermanos de Beltrán dijeron que no había motivos para preocuparse porque ellos no se irían muy lejos.

—Yo me haré una casa detrás del espino, justo entre las zarzas —dijo uno de ellos.

—Yo me haré la mía detrás de las jaras, justo en medio del rosal silvestre.

En fin, ninguno pensaba marcharse del prado en el que nacieron. Lo que deseaban no era otra cosa que vivir tranquilos y cómodos.

En cambio Beltrán quería ver el mundo, correr aventuras y llegar muy lejos. Ya tendría tiempo de volver al prado y hacerse una casa, detrás del tomillo, detrás del cantueso, o detrás de cualquier otro arbusto...

—Pues yo viajaré —le dijo a su madre con ojos brillantes.

Al oírlo, la señora Erizo abrió la ventana a todas sus lágrimas. Era como un río que se desbordaba. Pero al fin se agotó su llanto y acabó diciendo:

—Márchate, hijo mío, si eso es lo que quieres. Pero ten cuidado, que el mundo está lleno de gente malvada.

—Tú no te preocupes, que tendré cuidado, y además no olvides que soy un erizo y tengo mis púas para defenderme —le dijo Beltrán con todo cariño.

—Buen viaje, Beltrán, y cuídate mucho —le desearon sus hermanos.

—Me cuidaré mucho —prometió Beltrán, y les dio un abrazo.

Después cogió su mochila y salió de casa.

Empezó a marchar pradera adelante con pasos rápidos, sin mirar atrás.

Se sentía entre alegre y triste. Y era natural, porque viajar es emocionante; pero al despedirte parece que tu corazón se queda vacío.

«¡Ánimo, Beltrán, vas a ver el mundo! No pienses ahora en lo que abandonas, ten sólo presente lo que encontrarás», se dijo a sí mismo.

Había decidido dirigirse al bosque. Desde lejos, parecía un lugar oscuro y muy misterioso.

La señora Erizo siempre le decía que en el bosque había árboles altísimos que nunca había visto, y gentes muy raras y desconocidas: ¿Duendes? ¿Gnomos?... ¿Brujas? No estaba segura; fueran lo que fuesen, no eran de fiar.

Además de eso, en el bosque nunca entraba el Sol. ¡En el bosque vivían las sombras!

—No sólo las sombras que ofrecen los árboles... —añadía la señora Erizo bajando la voz—. Allí también viven las sombras perdidas, las sombras sin cuerpo de los que se mueren. Y si ven a alguien que anda por el bosque, las sombras lo siguen. ¿Qué quieren? ¿Robarle su cuerpo?... No lo sé seguro; pero, desde luego, no lo seguirán para nada bueno.

»Además, si se entra en el bosque, se agota la voz. La causa no es clara; pero la garganta se estrecha y se cierra, y la voz que sale de ella suena ronca y débil, parece asustada.

Todas estas cosas decía la señora Erizo; y ahora Beltrán marchaba hacia el bosque... ¿Tenía miedo? Yo diría que un poquito sí; pero yo también diría que mucho mayor era su emoción. No hay que olvidar que Beltrán era aventurero. Los aventureros buscan aventuras, y en cada aventura puede haber problemas, y quizá peligros. De todas maneras, pensaba marchar con cuidado, sería muy astuto y tendría las púas siempre preparadas.

¿Qué sucedería? ¿De verdad habría en el bosque árboles altos y seres extraños?... Estaba impaciente por averiguarlo.

En duendes y brujas, árboles altísimos y

sombras perdidas pensaba Beltrán pradera adelante; pero, de repente, su mente volvió a la realidad: llegaron los pájaros para despedirse. Gorriones, mirlos, verdecillos, urracas, también golondrinas... Alguna abubilla, algún ruiseñor, y hasta una lechuza y un viejo mochuelo que siempre marchaban solos por el aire...

—Adiós, Beltrán, buen viaje, que lo pases muy bien. No te olvidaremos. Tú no nos olvides —cantaban con voces distintas.

—Adiós, muchas gracias. No os olvidaré.

También las abejas y los abejorros decían zumbando: «Beltrán, buen viaje; Beltrán, buen viaje»...

Y las mariposas, y las mariquitas, los escarabajos, y los saltamontes: «¡Adiós, buen viaje!».

—¡Gracias, gracias, gracias! —repetía Beltrán, y de nuevo sentía la tristeza sentada en el fondo de su corazón.

—¡Beltrán! ¡Que regreses pronto! —gritaron, llevando el compás, las hermanas musarañas.

El topo dejó de excavar, asomó su cara miope, y dijo con voz pesarosa:

—Te extrañaré mucho...

Su amigo el conejo llegó a la carrera. Tampoco esta vez sus palabras estaban en orden. Eso siempre le ocurría cuando se sentía asustado o triste.

—Lejos aunque pensaré estés en ti muy yo. Cuidado por marcha favor con. Pronto y está atento regresa siempre. Tú esperándote yo regreses cuando estaré. Pongo desde a momento me esperar este.

El nudo de pena que sentía Beltrán se

hizo tan grande que cerró los ojos para no llorar.

Durante un momento, pensó en no marcharse; pero allá a lo lejos el bosque parecía decirle: «Ven, que los misterios y las aventuras te están aguardando»...

«¡Misterio, aventura!... Beltrán, ¡adelante!», se dijo el erizo a sí mismo y siguió marchando.

De todas maneras, cuando cruzó el prado detuvo sus pasos y se dio la vuelta. Entonces, los viejos recuerdos volvieron a él: juegos, alegrías, sorpresas, peligros... También recordó a todas las gentes que había conocido desde que nació. Se sentó en la hierba y pensó en sus nombres. Estaban mezclados y los fue ordenando dentro de su mente...

Más o menos:

N	O	J	E	N	O	C	H	J	S	T
L	P	Ñ	A	S	O	X	B	A	C	A
E	O	F	Y	C	G	O	Ñ	B	M	N
R	T	P	U	O	S	A	N	X	E	I
A	Z	C	F	I	R	O	K	S	O	L
Y	M	T	L	A	Z	R	U	H	N	A
O	R	V	S	G	Y	S	O	Ñ	W	B
N	L	U	K	B	P	L	I	Z	R	A
E	M	A	R	I	P	O	S	A	Q	J
S	E	T	N	E	I	P	R	E	S	I
Q	M	A	R	O	P	A	S	L	B	O

Topo, conejo, musarañas, zorro, rayones, jabalina, cuco, mariposa, serpiente, sapo...

Algunos, que eran muy queridos, para no olvidarlos, los dejó guardados en su corazón.

FIN

ÍNDICE

Concha López Narváez es una escritora sevillana. Después de algunos años dedicada a la enseñanza, pasó a escribir obras de literatura infantil y juvenil. Ha recibido varios premios, entre ellos el Lazarillo en 1984 y el C.C.E.I. en 1987. Su novela *La tierra del Sol y de la Luna* fue incluida en la Lista de Honor del IBBY en 1986 y en 1992 fue candidata al premio Andersen. Otras obras suyas son *Endrina y el secreto del peregrino*, *El silencio del asesino* y *Beltrán en el bosque*.

Rafael Salmerón nació en Madrid en 1972. Desde 1993 se dedica a la ilustración de libros infantiles y juveniles: tiene más de veinticinco títulos publicados, entre los que se incluyen *Cuentos y leyendas de la época de las pirámides*, *Cuentos y leyendas de la conquista del cielo y el espacio*, *El fuego de los pastores*, *El silencio del asesino*, *Milú, un perro en desgracia* (lista de honor del Premio Mirlo Blanco Frankfurt 2001), *La bruja marioneta* y *El regreso de Drácula*. Con la serie de *Beltrán el erizo* se inicia como escritor junto a su madre, Concha López Narváez.

Cometa

A partir de 8 años

Títulos de la colección

La paloma Palometa

Isabel Campos Adrados

Un montón de problemas

Terence Blacker

Cómo cazamos al Hombre del Saco

Andreu Martín

Cómo cazamos a Drácula

Andreu Martín

Beltrán el erizo

Concha López Narváez y Rafael Salmerón

Beltrán en el bosque

Concha López Narváez y Rafael Salmerón

Los últimos osos polares

Harry Horse

Clásicos en escena

Carmen Martín Anguita

Un tiesto lleno de lápices

Juan Farias

Piel de león.

Cuento para bailar

Montserrat del Amo